SHORINJIKEMPO
少林寺拳法

少林寺拳法
柔法のコツ

はじめに

　2016年4月1日、私は、前任の新井庸弘前会長から引継ぎ、一般財団法人少林寺拳法連盟の会長に就任しました。新井前会長は母校の大先輩であり、本部職員として勤務された35年来、仕事面でも技術面においても日々の業務、修練、講習会、合宿でずっと指導を受けてきました。私が少林寺拳法の本部職員として入所したのも、開祖の下で修行したいという思いと、新井前会長への憧れがあったからだと思います。

　何よりも、新井前会長は、技術面に関しても、開祖から直に薫陶を受け、さらに先輩や仲間のアドバイスを受け入れ、誠実に実行する方です。また、自身が身につけたものを、本当に余すところなく、そしてわかりやすく私たちに説明してくれました。

　後年は、よく「ゴールはわかっている。そのゴールに向けて、どのように修練を重ねるか？」といった技術上達に関する話をされていました。「実験法」と呼ぶ、仮説を立ててあれこれ練習してみる。上手くいったものに数を掛ける……実に理に叶ったやり方だと得心した思いが一杯あります。

　本書は、新井前会長が自らモデルになり、また若手職員に指導したときのアドバイスを文字に起こしたものです。少林寺拳法をすでに修行している人にとっては、よき解説書となるでしょう。また少林寺拳法を知らない方には、理解しやすい言葉で語られる本書を通じて、少林寺拳法が理に叶った武道であることをご理解いただければと思います。そしてひとりでも多くの人に少林寺拳法を学んでほしいと願っております。

一般財団法人　少林寺拳法連盟　会長
川島一浩

CONTNTS

はじめに —— 002

第一章 技法を語る前に伝えておきたいこと —— 005

第二章 柔法の技術について

第一部 捌手・掛手・つくりについて —— 013
捌手・掛手・つくりとは？ —— 014
上膊捕 —— 016
袖口捕 —— 022
片胸落 —— 026
襟十字 —— 032
送片手投 —— 038
袖捕 —— 044
小手巻返 —— 050
押小手 —— 058
片手送小手 —— 062
小手投 —— 068
巻落 —— 072
木葉送 —— 078
十字小手 —— 082
切小手 —— 088
上受投 —— 096
押受巻投 —— 102

第二部 崩しについて —— 105
崩しとは？ —— 106
表投 —— 110
裏投 —— 118
熊手返 —— 122
両手閂投 —— 128
丁字投 —— 134
首締守法十字投 —— 138

おわりに —— 143

[CAUTION!] 本来、少林寺拳法の法形は、合掌礼からはじまり、互いに構えた後に技法に入り、残心を経て、再び合掌礼を行って終わりますが、本書においては、柔法の骨子たる掛手・捌手・つくり・崩しについて、そのディティールを解説するため、礼や構え、守法を取ったあとの当身、相手を制した後の当身などにかんしては、必ずしも写真を掲載していません。

スチール撮影　馬場高志
装丁・本文デザイン　ギール・プロ
企画・構成　編集スタジオあまがえる

[PROFILE]
解説・実演◎新井庸弘（あらい　つねひろ）（大範士九段）
1946年、群馬県に生まれる。日本大学に入学し少林寺拳法部に入部、拳士としての修行が始まる。1968年、日本大学を卒業後、金剛禅総本山少林寺に入所。1976年、日本大学少林寺拳法部監督就任。同年12月、渡良瀬道院長に任命される。1981年、学校法人禅林学園日本少林寺武道専門学校に就職。1995年、財団（現・一般財団）法人少林寺拳法連盟事務局長に就任。1990年4月、少林寺拳法世界連合（WSKO）理事に就任（2000年4月～2014年3月まで理事長）。2000年11月、財団（現・一般財団）法人少林寺拳法連盟会長就任。2016年3月31日、一般財団法人少林寺拳法連盟会長退任。現在、本部名誉委員、一般社団法人SHORINJI KEMPO UNITY顧問。

実演　石井明仁（左）　川島佑斗（右）

[DVD収録内容]
■DVDの内容は、過去にDVD単体の商品として発売された「少林寺拳法 拳法原理 其の二」に収録された映像を再編集したものです。
■本書で紹介したすべての技法を、書籍同様に、新井庸弘が実演・解説した映像・音声を収録しています（総収録時間約51分）。技の紹介の順番や見出しの表現等は、本書と同じではないところがございます。
[DVDブック使用上の注意]
■本書で紹介した技術を実施した結果生じた事故や障害について、編者・監修者・発行者はいっさいの責任を負いません。あらかじめご了承ください。
[付属DVD取り扱い上の注意]
■ご使用になる際は、DVDビデオ対応プレーヤーで再生してください。パソコンや、一部のDVD再生機器では動作しない場合がありますので、その際は機器メーカーまでお問い合わせください。
■ディスクには指紋、汚れ、キズなどをつけないようにお取り扱いください。
■ディスクが汚れたときは、やわらかい布を軽く水で湿らせ、内側から外側へ向かって放射状に軽く拭き取ってください。レコード用クリーナーや薬剤などは使用しないでください。
■使用後はプレーヤーから取り出し、専用ケースに収めてください。直射日光の当たる場所や高温・多湿の場所を避けて保管してください。
■ディスク上に物を置いたりすると、ひび割れなどの原因となりますので、おやめください。
■部屋を明るくし、画面より離れてご視聴ください。なお、長時間の連続的なご視聴を避け、適度な休憩をとってください。
■本DVDビデオに関するすべての権利は、著作権者に留保されています。著作権者の承諾を得ずに、無断で複製・放送・上映・インターネット配信をすることは法律で禁じられています。また、無断で改変したり、第三者に譲渡・販売すること、営利目的で利用することも禁じます。
■本DVDビデオを公共図書館を除く施設において、館外貸し出しをすることはできません（公共図書館においては、書籍部分・DVD部分ともに貸し出していただいて構いません）。
■本DVDビデオにおいて新刊購入時に物理的欠陥があった場合には、不良個所を確認後、お取り替えいたします。購入書店名と購入日を明記のうえ、必ず本書とDVDディスクを併せてご返送ください。

第一章

技法を語る前に

伝えておきたいこと

少林寺拳法創始の目的

　創始者・宗道臣先生（開祖）が少林寺拳法をつくった目的は、「人づくりによる国づくり」です。やはり社会は人の集まりですから、その社会をよくするも悪くするも、すべて人の質だということですよね。質のいい人間をたくさん育てることによって社会はよくなっていくという考えで、「人づくりによる国づくり」、別の言葉では「理想境建設」といいますけれども、それを目的として少林寺拳法が創始されました。

開祖

理想境とは

今の社会、テロや紛争が起こっています。ある局面では、もう戦争というところまでいっていると思います。このことから、テロや紛争、戦争のない、平和で物心共に豊かな社会の建設、それが理想境だと考えています。

理想境建設のために

大学合宿のときに、宗道臣先生の講義がありました。で、最後に宗道臣先生が「何か質問はないか？」と言ったときに、大学生が「はい！」と手を挙げて質問しました。「先生、理想境建設に貢献すると言っていますけれども、そんなに簡単に理想境はできるのでしょうか？」という質問でした。そのとき宗道臣先生はじっと学生の顔を見ていて、「うん、すぐにはできんな」というように言われた。学生は一瞬「えっ？」という顔をしましたけれども、そのあとに宗道臣先生は、「君が、君の身の回りに理想境をつくるのは、きょうからでもできるぞ！」と言われたんです。学生は、何を言われているのかな、という感じだったですね。そのときに、「君には友達がいるよな。二人や三人はいるだろう」と言ったら、学生が「おります」と。「その友達を、半ばは自己の幸せを、半ばは他人（ひと）の幸せを考えて行動できる人間に変えろよ。説得して変えろよ。そして、何かあったときに助け合える仲間にしろよ」と。「その友達にも友達がいるよな、その友達を説得して同じような生き方ができる人間に変えていけよ。そうすると、小さいながらも理想境になってくるんだよ」と。宗道臣先生が言う理想境というのは、金銭的なものとかそういうものじゃなくて、何かあったときにお互いが助け合える、協力し合えるような社会をつくっていくんだと。そういうことだと思うんですね。それで、宗道臣先生がその学生に「できるだろう」と言ったら、「はい、できます」と答えていましたね。で、そのとき宗道臣先生は、やはり、理想境というものすごく高い

もの、近づくこうとするとさらに高くなってしまうような、手が届かない目標を掲げていると思うんです。でもそれは、そこに向かう姿勢が大切なのであって、身近なところで理想境をつくっていくんだぞと。拳士一人ひとりが置かれた立場で、クラスの中で、クラブの中で、あるいは会社の中で、周りに影響を与えて、半ばは自己の幸せを、半ばは他者の幸せを考えて行動できる人間を一人でも増やしていけよと。そして、よりよいクラスにしたり、よりよい職場にしろよ、ということなんですね。その輪が広がるんだぞと。今にそのうち、合掌礼一つでお互いが助け合える社会が来るぞと。

　宗道臣先生がそうした発言をした当時、世界の17〜18か国に少林寺拳法が広まっていました。今は37か国になっていますけれども、まさに合掌礼一つで、文化や言語が違う仲間同士がお互いに助け合えるような社会が、今、小さいながらもできつつあります。まさにこれを広げていくんだというのが、宗道臣先生の「理想境建設」だと。ですから、一足飛びにそこに行くのではなくて、一段一段階段を上がるように、足を地につけて、しっかりとそこに向かっていくんだと、その輪を広げていくんだと、それが理想境建設に貢献することだと、そのように私は理解しております。

人づくりとは

　宗道臣先生の言葉に、「半ばは自己の幸せを、半ばは他人（ひと）の幸せを」という言葉があります。まさに、半ばは自己の幸せを、半ばは他人（ひと）の幸せを考えて、信念を持って行動できる。そして、リーダーシップを持った人間を一人でも多く育てるという目的で、人づくりを行っています。で、その人の中身ですけれども、少林寺拳法連盟としましては、5項目に分けています。

　一番目は、自分の可能性を信じる生き方ができる人間です。これは、私自身が経験したことでもあります。本部に入って、開祖から仕事で指示をもらいました。そのときにパッと見て、難しいなと思いました。そこで先生に「難し

いですね」と言ったら、「難しいからどうした」って言われたのです。そして、「できません」と答えたら、ジロッとにらまれて、次に叱られるかなと思ったら、別の質問が飛んできました。「お前は、何のために少林寺拳法に入門したんだ？」と聞かれたのです。「はい、強くなりたいからです」と答えたら、「強くなったのか」と聞かれました。「多少はなりました」と答えたら、「それは、どういうことなんだ？」と宗道臣先生が言うんですね。その質問の意味がまた分からなくて、顔を見ていたら、「お前は、強くなりたくて少林寺拳法に入ったんだろう？ でも、もしやっても強くなれないと分かっていたら、やるのか？」と聞かれましたから、「いや、やりません」と、私は正直に答えました。「それは、どういうことなんだ？」と再度聞かれて……結局、分からず黙っていました。そうしたら、宗道臣先生が言ってくれましたね。「お前は、やれば強くなれると思ってやった。それで入門したんだろう？」と。「それは、やればできるという可能性を信じた結果と違うのか？」と言われたんです。そう言われれば、まさにそのとおりなんですね。自分も修行したら強くなれると、そう思ったから入門したんですけれども、ただ「自分の可能性を信じる」というような言葉で私自身整理していなかったから、答えが出てこなかった。で、続けて、「ところで、お前はその仕事をやったのか？」と話が元に戻ったんです。「やっていません」と答えると、「やらない先に諦めるんじゃない。自分の可能性を信じるところから始まるんだ。すぐやりなさい」と言われました。で、やればできるんですね。いちばん最初は、そういう可能性を信じるというところから少林寺拳法の修行は始まると思います。人間誰でも、そういう可能性の種子を持っていますから、それを信じて努力・精進することが必要なんだということですね。

　二番目が、すばらしい可能性を持った自分の人生なのだから、主体性を持った生き方をしなさいと。それは、別の言葉では、自分自身を大切にして生きなさいということだと。そのために、周りの意見とか、さまざまな状況の変化に振り回されるような生き方をするな、ということだと思います。そして、やは

り自分なりの判断力、あるいは見る目を養って、しっかりとして揺るぎのない自己を確立していくことが大事だと。そして、たくましく生きていくんだよ、ということだと思います。

　宗道臣先生は、心臓発作の持病を持っていました。あるとき発作が起き、私たちも駆けつけました。宗道臣先生は病床から、我々に話してくれました。「お前たちが心配してくれるのはありがたいけど、この病気はわしの病気だから、わしが何とかするしかないんだ」と。「家内も心配してそばに来ているが、でも病気一つ代わることはできない。誰も代われない。これが人生だよ」と。そして、「お前たちの人生も、ほかの誰かと代わることはできないんだよ」と言われました。それは、自分を大切にし、主体性を持った生き方をしなさい、ということを教えてくれていたのだと思います。

　今挙げた一番目と二番目は、自分のことです。自分の可能性を信じ、主体性を持った生き方をしている人が集まって、家庭や組織、道場とかクラブ活動もできていきますから、そこで俺が俺がじゃいかんぞということで、他人の幸せを考えて行動できる人間を育てるということが出てきます。これが三番目になります。これは当然、「半ばは自己の幸せを、半ばは他人の幸せを」という宗道臣先生の言葉につながってきます。

　四番目は、正義感と勇気と慈悲心を持って行動できる人間になれよということです。「自分の可能性を信じる」ということが出てきましたが、この可能性を信じて一生懸命伸びようとする、あるいは幸せになりたいと思って、幸せになろうと努力している人間に対して、そういう伸びる芽を摘んだり、抑圧したり、差別することに対しては、断固として立ち向かえ、と宗道臣先生から教えていただきました。そして、正義感と勇気と慈悲心を持って行動できる人間になれと。で、不正に対して見て見ぬふりをするなよと。最近ではいじめの問題とか各種ハラスメントというのがありますが、こういうものに対して、見て見ぬふりをするなということですね。「正しいことは正しい、悪いことは悪いとはっきり言う、そういう勇気と正義感を持った人間を育てるんだ」と、宗道臣

全国指導者研修会の様子

先生は言われておりました。まさにそういう生き方が四番目です。

　五番目が、協力・連帯する生き方ができる人間、人と協力し連帯することができる人間になれよと。どんなに強くなっても、一人の人間の強さは知れている。開祖がよく言われておりましたけれども、「私は一匹狼を育てるつもりはない。強い狼の群れを育てるんだ」と。強くて賢い狼の群れ、そういう人たちが集まって協力し合うことによって、社会を変革することができるんだ、ということですね。

　以上が、少林寺拳法で育てたい人間像です。

組織のあり方

　少林寺拳法の組織のあり方の原則というのがあります。それは、少林寺拳法は人を育てる団体であり、しかも、「人づくりによる国づくり」を目的としています。したがって、地位や階層、職業を越えた横のつながりを重視した、同志的連帯感で結ばれた組織のあり方、これが原則になります。そして、何かあったとき、いざというときに、お互いが身体を張って盾になり合える、助け合えるような、そういう協力関係ができるような組織です。そしてもう一つは、少林寺拳法によって「人づくり」「仲間づくり」をする組織です。これが、少林寺拳法の組織のあり方の原則なのです。

総本部全景

第二章
柔法の技術について

第一部

掛手・捌手・つくりについて

捌手・掛手・つくりとは？

　相手に掴まれた手ともう一方の手には、役割分担があります。この役割分担を明確に理解することが、技の上達に繋がります。

　相手に掴まれた手は、鉤手などの守法によって攻撃を防いだ後に相手の手首を殺し、関節の遊びをとって、その後の展開によって、極めるために用いられます。この手を「捌手」といいます。

　一方、相手に取られていない手は、目打ちや手刀切などの当身による牽制を行うこと、その後の展開で、相手の手に掛けて手首の遊びを取り、肩から先の腕の形（つくり）を固定するために用いられます。この手を「掛手」といいます。

　「捌手」によって遊びのなくなった相手の手首を「掛手」で保ち、さらに「捌手」で極めることによって技のかたちは完成します。

捌手・掛手の動きの例（逆小手）。捌手で鉤手守法を取った（1）のち、目打ちをした掛手を相手の手首に掛けながら（2）、捌手で逆の形をつくり掛手で保持しながら（3）、極める（4→5）

上膊捕

この技は、攻者が上から守者の上腕（上膊）を強く握り締めてきたときに、攻者の掴手を活かしたまま逆に捕り、崩し倒します。この技における逆のつくりは"コの字系"とも言われます。単に、相手の手を押し込んでも肘・手首は曲がりません。相手の指先を横（内側）へ向け、波返の要領で相手の肩口へ持っていくようにすると手首・肘が曲がります。

第二章・第一部　上膊捕

かたちの重要なところを角度を変えてクローズアップ

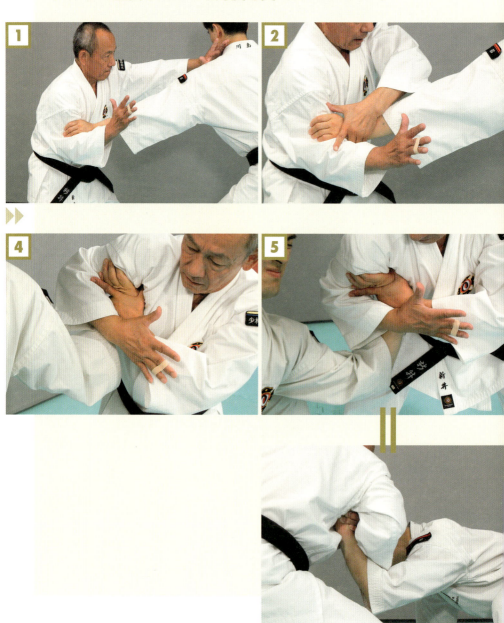

第二章・第一部　上膊捕

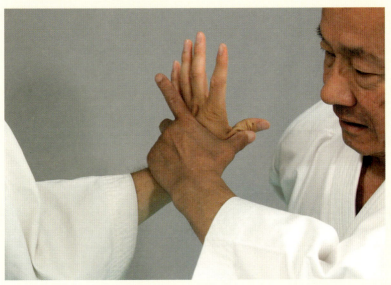

掛手の状態を、道衣から手を外して再現したところ

掛手の三指が手掌側に掛からず、手甲を押さえつけているだけになっています。

滑って外れやすくなってしまいます

第二章・第一部　上膊捕

正しくは…

人差し指を伸ばし、三指を手掌側に引っ掛けます。

相手が押してくるのに対し、一旦、逆らわず少し引きながら、肘を立てて、相手の手甲が横を向くようにしてから、外側から我の肘を相手の肩口へ近づけるように押し込んで相手の肘を曲げてから、引き落とします（写真は、手の状態がみえやすいよう、道衣から手を外して撮影したものです）。

袖口捕

攻者が手掌を下に向けて、守者の袖口に四指を入れて掴んできたときに、体を捌きつつ掛手を行ない、掴まれた袖口を掛手と前腕を用いて絞り込むように攻めて倒します。

第二章・第一部　袖口捕

かたちの重要なところを角度を変えてクローズアップ

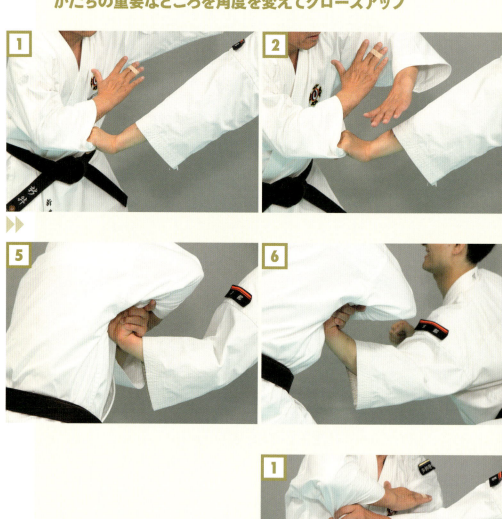

▶▶ 手の小さい人は自分の袖口を掴んで、相手の手を自分の脇に引きつけるようにしてから、引き落とします。

第二章・第一部　袖口捕

通常、小指丘に三指を掛けて極めます。

片胸落

この技は、攻者が縦拳で胸倉(襟)を掴んできたときに、押してくる力をいなしながら、S字の形を作って逆を捕り攻者の体勢を崩します。

第二章・第一部　片胸落

かたちの重要なところを角度を変えてクローズアップ

第二章・第一部　片胸落

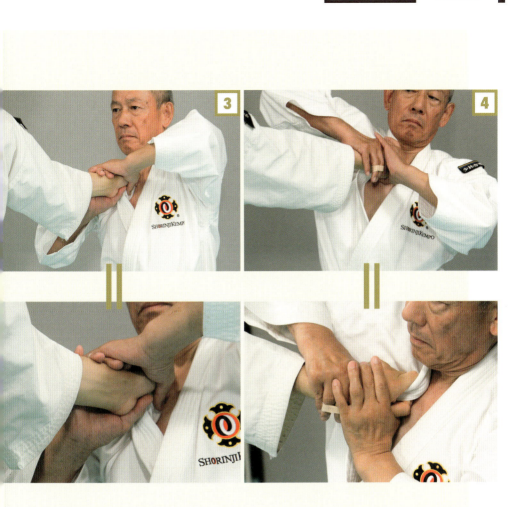

掴手の小指丘側に下から手を添え、相手の拇指側の手首の線を真っ直ぐにして手首を死にやすくした上で、我の胸で捕るようなイメージで相手の腕を内旋させ、逆の形を作ります。

別角度からみたところ

押してくる相手に対し、少し押し返してから、引きます

第二章・第一部　　片胸落

悪い例

足運びをせず、その場で手を捻ろうとすると、
相手の体勢を崩せず、反撃されてしまいます。

正しくは…

一旦、相手の手を左斜め上に突き上げてから、足運びをともなって極めに入ることが重要です。

襟十字

この技は、攻者が守者の胸元を掴み拳を捻りながら押し込んできたときに、押してくる力をいなしつつS字形に操作し、攻者の体勢を崩します。襟を掴んで押してくる攻者に対し、押し返し、捌手となる我の裏手首をもって、自分のあごの方向へ打ち込み、手首を殺します。

第二章・第一部　襟十字

かたちの重要なところを角度を変えてクローズアップ

別法としての捕り方

片胸落が、相手の手が縦拳で掴んでくるときの技術であるのに対し、襟十字は、主に相手が横拳で掴んで押してくるときの守法ですが、相手が縦拳で掴んできた場合でも、内腕刀で外側へ打ち込み、相手の手首を殺し、襟十字に展開することは可能です。両襟を持ってくる相手は縦拳、片手で持ってくる相手は横拳が多いですが、それぞれに対応できるようにしておく必要があります。

第二章・第一部　襟十字

悪い例 1

捌手で打ちながら相手の手の位置を上方向へ上げてしまうと、自分の肘を乗せづらくなってしまいます。

悪い例 2

体を捻りすぎて相手の肘が伸びてしまっています。

第二章・第一部　襟十字

正しくは…

相手の手の位置を動かさず、裏手首で打つのが手首を殺すための正しい方法です。その後、我の肘を押し戻し、相手の肘を緩めて、相手の肩から手先までをＳ字形にすることが肝要です。

送片手投

この技は、攻者が手首をとりにきたときに、そのまま攻者の腕の下をくぐり、体を沈めて投げる技です。順手外手首を取られた瞬間に、前鉤足になりながら、内手首に掛手をして胸につけます。掛手は、我の拇指と三指（小指・薬指・中指）を相手の手首関節に掛け、捌手で攻者の内拳頭を攻め、攻者を浮かせ、投げに転じます。両手片手投も同様です。

第二章・第一部　送片手投

かたちの重要なところを角度を変えてクローズアップ

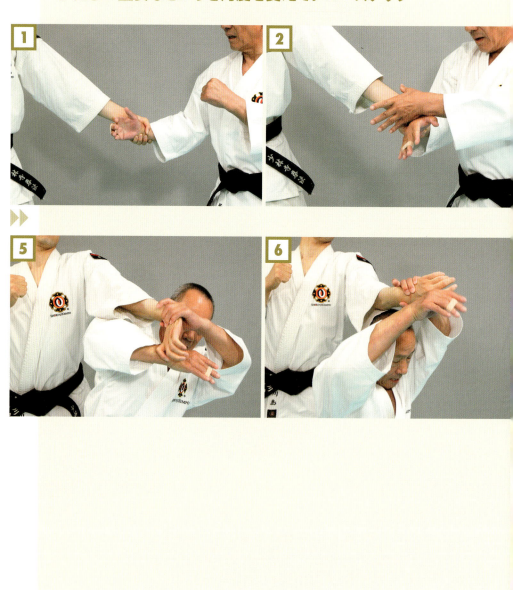

第二章・第一部　送片手投

悪い例 1

写真のように、掛手を押小手のように掛けている方を見受けますが、これは間違いです。内手首に掛手をしてください。

悪い例 2

右足を前にしたまま、守法に転じようとした場合（左写真）、あるいは、左足を踏み込んだものの、鈎手手法に入ったとき、左足に十分に重心が乗っていない場合（右写真）、相手の攻撃を受けてしまいます。

第二章・第一部　送片手投

左足を踏み込んだ際、左足に十分に重心を乗せ、相手の攻撃を封じた状態で、右足を踏み込みます

別法としての捕り方

▶▶ 足運びと重心の乗せ方が正しければ、相手の反撃を封じることが可能となります。

袖捕

この技は、攻者が上袖を取って引いてきた状況での対応法です。当身をしたら、捌手の肘をやや開き、掛手をします。掛手をしたら、引いている相手に対し自分が寄り、相手の自由な拳から逃れるために、相手の裏側に出ながら、掛手を活かし、肘を出して斜め下に落とします。

第二章・第一部　袖捕

かたちの重要なところを角度を変えてクローズアップ

反対側からみたところ

別角度からみたところ

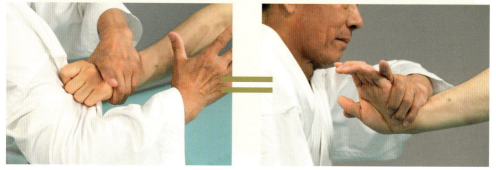

掛手の親指を相手の親指の上に重ねるかたちにします

相手の手を道衣から外して、掛手の状態をみたところ

第二章・第一部　　袖捕

悪い例

掛手が浅く親指が相手の親指に掛からず抜けていると、滑って掛手が外れやすくなってしまいます。

相手の手を道衣から外して、掛手の状態をみたところ

横へ振ろうとすると相手の肘が伸びた状態となってしまいます。

小手巻返

この技は、攻者が守者の手首を下から掴んできたとき、掛手を行ない、手首を逆に捕って極める技です。攻者の寸脈を守者は丁字で攻めながら攻者の体勢を崩し倒します。

第二章・第一部 小手巻返

かたちの重要なところを角度を変えてクローズアップ

第二章・第一部　小手巻返

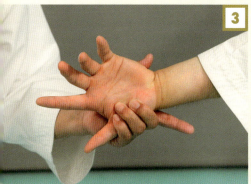
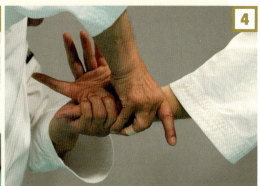

寸脈を攻めます。ここからの流れは、2通りの取り方があります。

ひとつは、肘を立てて手首を立てて、相手の手首の寸脈という急所を圧して攻めます。痛みによって、相手を崩していく攻め方です。掛手は、三指をできるだけ深く、相手の拇指丘に掛けます。また、小指を浮かすと力が入りにくいので注意してください。

かたちの重要なところを角度を変えてクローズアップ

もうひとつは、相手のバランスを崩すことを主体にした方法です。本来的には圧法で投げるのが基本ですが、力の弱い人、体の小さな人は、体捌きと相手の腕を崩しの方向へ引くことで、先にバランスを崩しておいて、最後に寸脈を切るという手順が有効です。

第二章・第一部　小手巻返

悪い例1

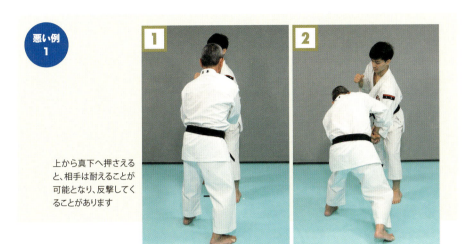

上から真下へ押さえると、相手は耐えることが可能となり、反撃してくることがあります

正しくは…

斜め左方向へ崩すのがよいです。

相手の手首を攻めることに執着し、自分の腕が伸びたままで技に入っても、掛かりません。

捌手を抜きながら肘を外に出し、我の肘関節がある程度屈曲した状態で、相手の手に掛けます。

押小手

この技は、攻者が守者の手首をとりにきたときに掛手を行ないながら、捌手を抜いて掴手の逆を捕って倒す技です。

第二章・第一部　押小手

かたちの重要なところを角度を変えてクローズアップ

第二章・第一部　押小手

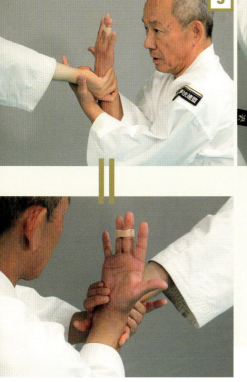

押小手は守法を行い、手鏡をみるように捌手を操作し掛手をして、手刀もしくは裏手首で押し込んで相手の肘を曲げて極めます。

悪い例

写真のように、相手の肘が伸びていたのでは、極まりません。正しくは、相手の手を肩口に押し込むようにします。

片手送小手

この技は、攻者に手首を捻られたときに、足捌きで対処し、相手の腕を捻じりながら親指の付け根を攻めて、攻者の体勢を前に倒す技です。

▶▶

第二章・第一部 片手送小手

かたちの重要なところを角度を変えてクローズアップ

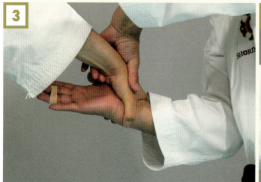

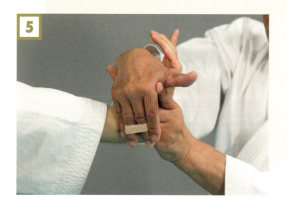

第二章・第一部 片手送小手

別角度からみたところ

我の拇指を相手の拇指に重ね、薬指を手首関節に掛け、その前後に中指・小指をそろえて掛手をします。我の人差し指と拇指を伸ばして手掌を平らにして相手の手甲に密着させます。親指（拇指）や人差し指で相手の手を握ろうとすると、手掌が丸まって、相手の手甲との間に隙間が生じ、かえって滑りやすくなってしまいます。また、相手の腕を下げると、我の手掌と相手の手甲の間に隙間が生じやすくなりますので、相手の腕を肩の高さまで上げて、親指の付け根を攻めて極めます（手刀の状態で外腕刀で攻めてもよい）。

悪い例 1

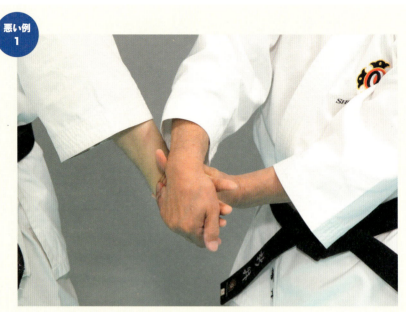

掛手をして回した際、相手の指先が横を向いていると、技が極まりません。

正しくは…

相手の指先を上に向けるのが正しい方法です。

第二章・第一部 片手送小手

悪い例 2

手首を極めることだけを考えて、相手の肩の位置を動かそうとしていない場合、相手の体勢を崩すことができません。

正しくは…

相手の肩が前方に出るよう、力を加えることが必要です。

小手投

この技は、攻者が突き技で攻撃してきたときに、その腕の遊びをとったまま、大きく振り投げる技です。

[第二章・第一部　小手投]

かたちの重要なところを角度を変えてクローズアップ

悪い例

突きをいきなり掴もうとすると、腕を抜かれてしまいます。

第二章・第一部　小手投

反対側からみたところ

我の拇指の腹を、相手の手甲（小谷）に付けます。
「×」の字のように、掛手の拇指（下）と、捌手の拇指（上）を重ねます。

正しくは…

下受をしてから、相手が引こうとする腕に、肘を張って掛手をすると、相手に腕を抜かれません。

71

巻落

この技は、攻者が襟を掴んで引いてきたときに動きを封じて、守者が大きく捌いて攻者の体勢を斜め前に崩して投げる技です。

第二章・第一部　巻落

かたちの重要なところを角度を変えてクローズアップ

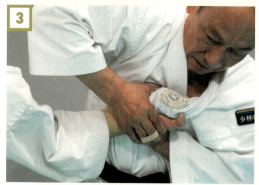

我の拇指を、相手の手甲（小谷）に付け、薬指を手首関節に掛け、その前後に中指・小指をそろえて掛手をします。この掛手は逆小手も同様です。両肘を張って捻り下に落とします。

悪い例 1

上から指を巻いて、力で落とそうとしています（右写真は、道衣の襟から離した状態で手のかたちを撮影）。これでは、力の強い人を非力な人が崩すことはできません。

第二章・第一部　　巻落

正しくは…

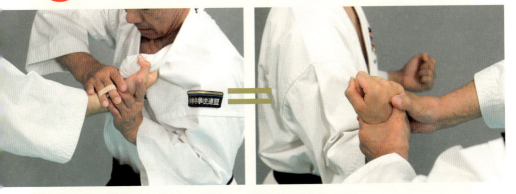

小手投と同様、「×」の字のように、掛手の拇指（下）と、捌手の拇指（上）を重ねます
（右写真は、道衣の襟から離した状態で手のかたちを撮影）。

悪い例 2

崩す方向を誤ると、相手が移動してしまいます。

正しくは…

［順足の場合］

第二章・第一部　　巻落

[逆足の場合]

相手の両足を結んだライン
を二等辺三角形の底辺とし
た頂点の方向に崩します。つ
まり、法形としては、対構えで
布陣し、攻者が順足側の腕で
襟を掴みにきますが、開構え
で布陣し、攻者が逆足側の腕
で襟を掴みにきた場合は、そ
れに応じて、崩す方向を変え
ます。相手がどちらの足を前
にしているかによって、弱い
方向を見極め、その方向に崩
します。

木葉送

この技は、「枯れた木の葉」を潰さないようなイメージで攻者の小指と人差指に掛手し、攻者の手首を殺しながら逆をとって極める技です。

▶▶

第二章・第一部　木葉送

かたちの重要なところを角度を変えてクローズアップ

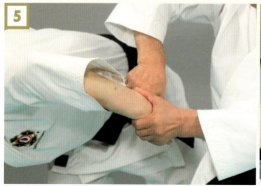

自分から相手の隙を狙って、掛手をします。丁字を手首に打ち込んでから、三指を相手の拇指丘に掛けるようにスライドさせます。我の拇指は、相手の手甲に当てます。

第二章・第一部　木葉送

別角度からみたところ

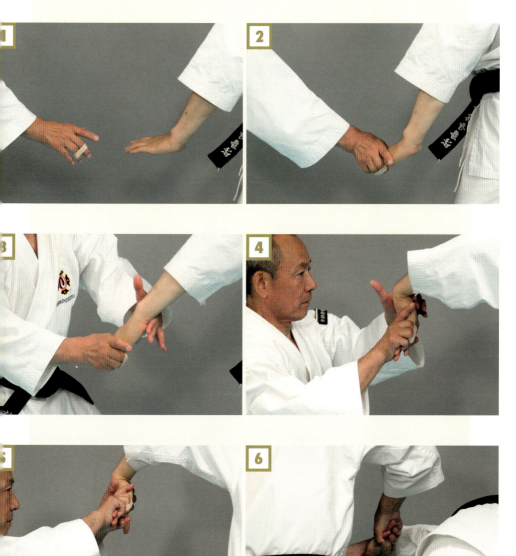

十字小手

この技は、攻者が守者の外手首を下から握り押しにきたとき、差替入身、同時に手刀切し、その手で掛手し捕られた捌手を相手の手首に十字にのせ、体勢を崩して倒します。送小手の掛手と同様、我の拇指を相手の拇指に重ね、薬指を手首関節に掛け、その前後に中指・小指をそろえて、人差し指は伸ばした状態で、掛手をします。掛手の手首を活かし、肘を張ります。手で抑えるのではなく、身体全体を使って抑えることが肝要です。

第二章・第一部　十字小手

かたちの重要なところを角度を変えてクローズアップ

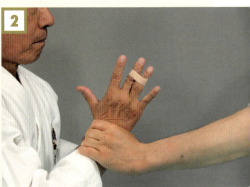

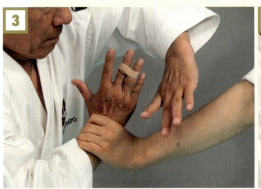

第二章・第一部　十字小手

反対側からみたところ

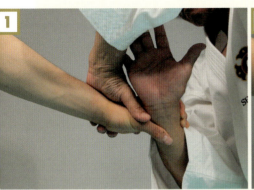

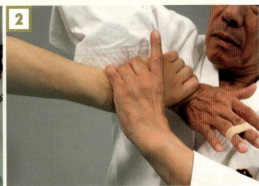

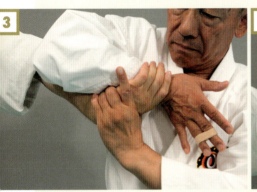

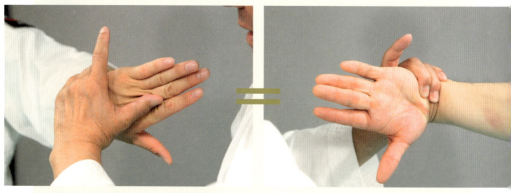

親指が手の甲側に掛かっていて、相手の親指に掛かっていません。
これでは、滑って外れやすくなってしまいます。

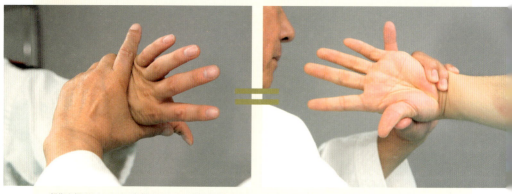

親指を握り込んでいれば、極めるまでの過程でズレたりすることがありません。

第二章・第一部　十字小手

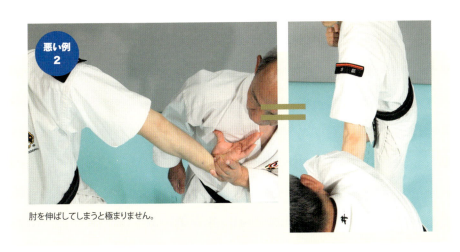

悪い例 2

肘を伸ばしてしまうと極まりません。

正しくは…

相手の腕がSの字のかたちを成すようにすると、極まります。

悪い例 3

Sの字のかたちをつくれても、相手の身体と並行に、真下にしゃがみ込んでは、極まりづらくなります。

正しくは…

回転を掛けるようにすることで、極めます。

切小手

この技は、攻者が腕をとって捻じ上げようとしたり、引き付けようとしてくるときに攻者の手をS字の形に操作して倒す技です。

第二章・第一部　切小手

かたちの重要なところを角度を変えてクローズアップ

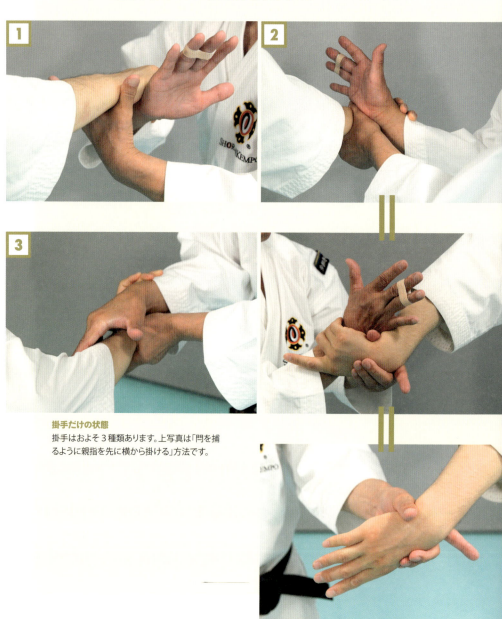

掛手だけの状態
掛手はおよそ3種類あります。上写真は「閂を捕るように親指を先に横から掛ける」方法です。

第二章・第一部　切小手

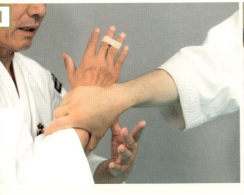 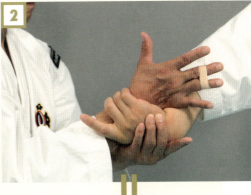

掛手だけの状態
写真は「手を返してから真下から押さえるように掛ける」方法です。

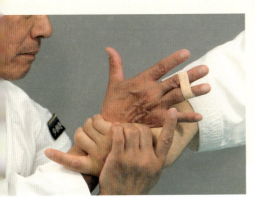

こちらは「三指を小指丘に引っ掛けて深く掛ける」方法。いずれも正しいです。ただし「門を捕るように横から掛ける」「下から押さえるように掛ける」は手の小さな人でもやりやすい掛手であるのに対し、「三指を小指丘に引っ掛けて深く掛ける」は手の大きい人に適した掛手です。

捌手とつくり

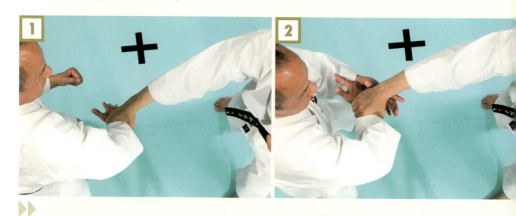

第二章・第一部　切小手

捌手は、相手の手首を殺した位置から、おおよそ斜め45度へもっていくと相手の肘は自然と曲り、S字（逆の作り）になります。この操作（手捌）は、足捌きとセットで行います。

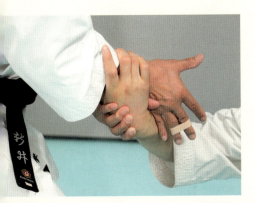

手を開いたままで、手刀で相手の水月に向かって切り込むようにする場合（中段写真）と相手の前腕に我の三指を掛手して、我の帯の方向へ巻き込んでいく場合（下段写真）があります。

運足

まず前に入り守法、掛手より右足を入れ、左足を下げて極めます。

第二章・第一部　切小手

この技に入る状況

相手がねじ上げようとしている（ハンマー投げなどに入ろうとしている）状況です。

上受投

この技は、攻者の右裏拳打込みに対して、左手で上受して、同時に右拳中段突き、上受した手をそのまま攻者の手に掛手し、腕の逆をとって投げる技です。上受をした手を掛手とするとき、我の手首をやや活かしながら肘を張って、親指、人差し指を伸ばしたまま、三指を内手首に掛け、ずらしていきます。上受投の掛手は、上受からの半月ではありません。

【第二章・第一部　上受投】

かたちの重要なところを角度を変えてクローズアップ

相手の肩を引き込むことが重要です。

親指を外に出し、最初から掴みにいくケース。攻撃を受け切れません。

防御してから掛手します。

第二章・第一部　上受投

正面で受けて自分の体勢が負けてしまう

転身によって、真上で受けないようにします。

足運びの方向が、間違っており、相手を後ろへ引っ張りすぎで、相手が足を動かして移動してしまっています。

第二章・第一部　上受投

正しくは…

相手の両足を結んだラインを底辺とした二等辺三角形の頂点の方向へ、相手を引き込みます。

相手の正面からみると、このような方向へ引き込むかたちとなります。

押受巻投

この技は、攻者が上段へ振突をしてきたときに押受して投げる技です。上受投と同様、押受からの半月ではありません。押受の後、手首をやや生かしながら肘を張り、三指を相手の拇指側の内手首に掛け、ずらしていきます。

第二章・第一部　押受巻投

第二章・第一部　押受巻投

かたちの重要なところを角度を変えてクローズアップ

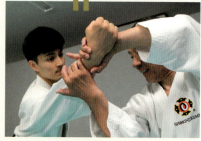

高い位置で掛手をした場合には、受けた手の三指を手首に、もう一方の手の三指を前腕部に添わせます。

掛手だけの状態を上からみたところ

反対側からみたところ

落として掛手をした場合には、三指が押小手系の掛け方をします。

第二章
柔法の技術について

第二部

崩しについて

崩しとは？

両足を結んだ「支持面」から重心を外し、相手を不安定にしたままバランスを取らせること。

引っ張ってくる相手に対し、真正面から引いても、相手は踏ん張って崩れません。

しかし、相手の身体の正面方向に引けるよう、自らが移動し、引けば、相手の重心は崩れます。

別角度からみたところ

別角度からみたところ

「相手の重心を崩すこと」に加え、「圧法や手首関節を極めることによる痛みで相手の体勢を崩すこと」、「自らの体捌きと掛手・捌手の働きによって相手の腕を媒介に相手の身体に回転のムーブメントを起こすことを併用して、相手の体勢を崩すのです。

悪い例

その場で手首を極めても相手を崩せません。手首だけにこだわるのではなく、相手の重心を移動させること、回転のモーメントを生み出すことなどに意識を置かねばなりません。

くは…

相手の肩をほんの少し前へ引き出していれば、重力方向への崩しが容易となります。

表投

※相手が右手で襟を、左手で袖を掴んでいる場合

この技は、攻者が袖と襟を掴んで投げようとしてきたときに、攻者の投げる力を利用して体勢を崩して投げる技です。我の左手を相手の右腕に掛けて、相手が体を入れてくる瞬間、巻落の要領で相手の右肘を内側に押し込んで体を崩します。我は体を転回しながら、相手の左手を右肘関節部に挟み、振捨表投の要領で攻めます。或は、内腕刀で相手の肘を掬って投げます。

第二章・第二部　表投

この技に入る状況

相手が背負投を仕掛けてきた状況において、
この技法で対処します。

第二章・第二部　表投

かたちの重要なところを角度を変えてクローズアップ

左手は、相手の引きつけに対し、下受の要領で斜め下に押し込みます。
右斜め前に出ながら回転を生む……巻落と同様の理法です。

かたちの重要なところを角度を変えてクローズアップ

右手は送り系統の動きをします。左手の動きと足運びによって生まれた回転の運動をより大きくするため、相手の左肩を前に出して、前方（相手の左手首と右肩を結んだラインと直角の方向）へ崩します。振捨表投と同様の理合いです。

第二章・第二部　表投

正面からみたところ

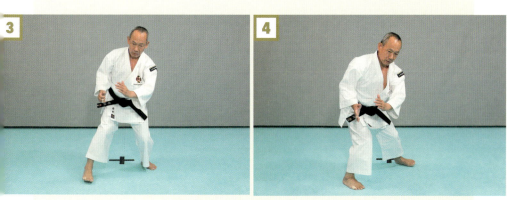

金的や頭突きに備えた防御姿勢を取ってから、運歩と捌手・掛手の操作を行います。

横や後方に運足しても崩し切れず、相手は背負投の動きを続けてしまいます。

第二章・第二部　表投

正しくは…

前方に右足を送ります。

裏投

※相手が右手で襟を、左手で袖を掴んでいる場合

表投が、相手の投げの動作に合わせて対応するものであるのに対し、この技は、襟や袖を取られた瞬間に、守者から仕掛ける技です。我の右手は、袖捕の要領で相手の左手を制して体を崩します。我の左肘を相手の右手の内側から入れて、内腕刀を肘に掛けて肩を送り出します。足捌きは、表投と逆方向、つまり左足を右斜め前に入れ、右足を左斜め後方に引きます。

第二章・第二部　裏投

かたちの重要なところを角度を変えてクローズアップ

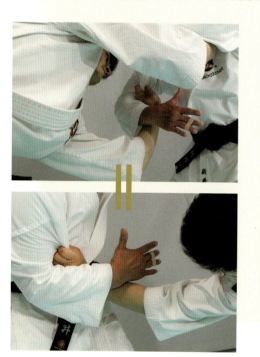

悪い例 手先で相手の腕を巻き込もうとしても、相手をコントロールできません。

第二章・第二部　　裏投

正しくは…

ヒジ打ちを落とすように大きく腕を回すことが必要です。一般的には、袖捕の要領で相手の左手を制する右手の動きを先行させますが、写真のように、左手で目打ちを打ち、相手を怯ませてから相手の右腕を巻き込む動きを先行させてもよいです。

熊手返（両手）

この技は、いわゆる"負けて、勝つ技"です。どちらか一方の手の力を抜きながら下へ落として体を崩し、もう一方の手で、送り系統の動きで相手の肩を前方に引き出し（振捨表投の要領で）相手を追い落とします。

第二章・第二部 熊手返(両手)

この技に入る状況

五指で組み合って、相手が押さえつけてこようとしている状況における反撃法です。

第二章・第二部 熊手返(両手)

かたちの重要なところを角度を変えてクローズアップ

別角度からみたところ

第二章・第二部 熊手返(両手)

最初から相手の腕を下に引き出すだけだと、相手は足を前方に出してバランスを維持してしまいます。

相手の腕を高く上げすぎると、肘の角度が鈍角になり、相手の肩を前方に引き出すことができません。

両手閂投

この技は、自分から相手の不意を突いて仕掛ける技です。我の丁字で相手の小手を攻めて体を崩し、それに対し相手が反応し、力を込める瞬間に、もう一方の手で閂を攻めながら体を開くことで相手の肩を引き込んで前方へ振り込み（振捨表投の要領で）相手を倒します。最初の丁字での攻めは、いわゆるフェイントの役割を果たします。

第二章・第二部 両手門投

かたちの重要なところを角度を変えてクローズアップ

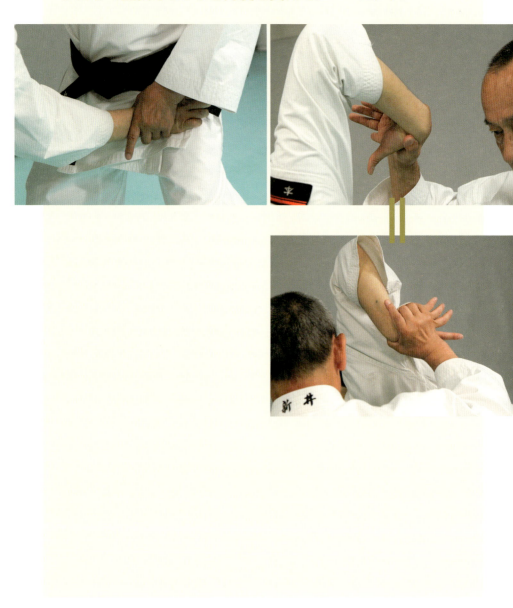

第二章・第二部 　**両手閂投**

別角度からみたところ

最初に相手の小手を攻めた手は、相手を投げる段階では、我の足捌に合わせて腰の方へ引いていきます。その押しから引きへの変化によって、閂で攻めた側の相手の肩を前方へ誘導します。

悪い例

小手を攻めた手を引かずに、また、閂を攻める側に足を捌かず投げようとしても、相手の重心は崩れません。

第二章・第二部　両手閂投

正しくは…

運歩によって相手の重心の崩れと回転の動きを生み出します。

丁字投

この技は、自分から相手の不意を突いて仕掛ける技です。両手門投と同様、始めに我の丁字で相手の小手を攻めて体を崩し、もう一方の手でも丁字によって相手の外小手を、相手の水月の前から脇の下に向かって上げて攻めていき、相手が体勢を下げようとするリアクションを利用し、最初に相手の小手を攻めた手を斜め手前下方向に引いて、相手を倒します。

第二章・第二部　丁字投

かたちの重要なところを角度を変えてクローズアップ

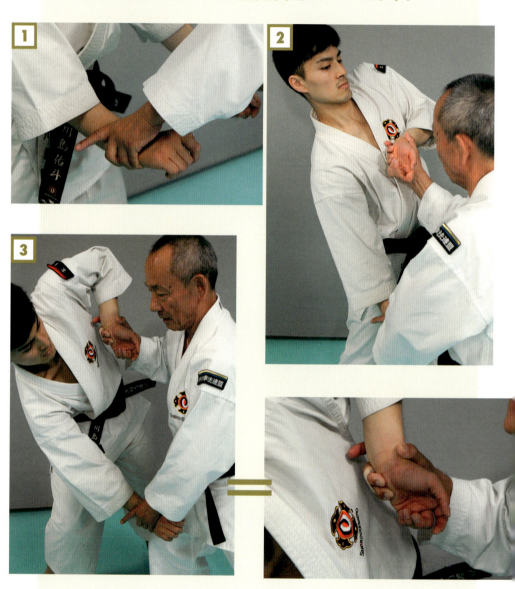

第二章・第二部　　丁字投

体勢を下げず、足運びをせず、ただ、手の力だけで両手を真下方向に引いても、相手は崩れません。

手捌きに加え、体勢を下げることと、運歩を伴って、相手を崩すことが可能となります。

首締守法十字投

この技は、攻者が守者の両襟を握って、首を絞めてきたときに用いる技です。守者は逆下段構から、攻者の両腕が交差する中に片腕を入れ、体を捌きながら投げます。

第二章・第二部 首締守法十字投

かたちの重要なところを角度を変えてクローズアップ

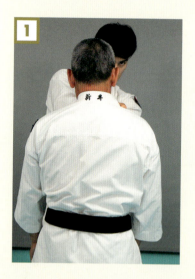

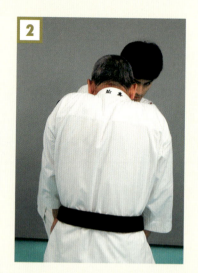

首締に対しては、我の首筋を絶対に空けぬよう即座に肩を上げ、顎を引きます（首締守法）。

第二章・第二部 首締守法十字投

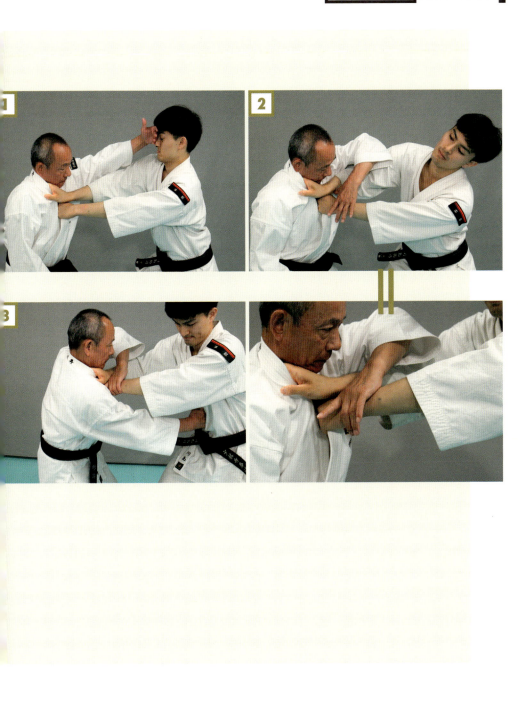

第二章・第二部 首締守法十字投

かたちの重要なところを角度を変えてクローズアップ

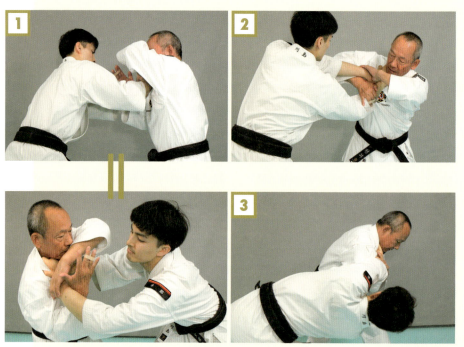

首締守法を維持したまま当身を行い、内腕刀で襟を掴まれている内手首を外側に打ち込んで殺し、体を崩します。その後、打った手を相手の反対の手に掛けて、体を転回しながら倒します。

別角度からみたところ

運歩によって、相手の肩を前方へ引き出します。

おわりに

　練習目的を明確にせよ！

　数をかけるだけではだめです。正しい理屈に則って数を掛けることが大切です。

　正しい理屈とは、『少林寺拳法教範』に書かれている各種の理法、"鈎手の理""弾みの理""梃子の理"等のことです。この理屈に従って正しい技になっているか否か、常に検証する必要があります。そして検証しながら数を掛けることです。別の言葉で言えば、いつも練習目的を明確にし、数を掛けるということです。

　数を掛けるだけでは、失敗の繰り返しになることもあります。そして、それは悪い摺り込みに繋がります。また、まぐれで上手くできても、再現性は低いです。上手くいかないときは、理屈を再確認し、自分なりに仮説を立てて、あらためて一から取り組むことです。課題を明確にし、一つひとつクリアしていくことです。そうすると成功の確率が上がります。そしてそれを繰り返すことで、いい摺り込みになります。

　上達の近道は、成功例に数を掛けることです。そして繰り返しになりますが、理を知る、理に則って数を掛けることでしか達成できません。

　本書を通じて、読者の皆さんが少林寺拳法の理を知る一助として、ご活用いただければ幸いです。

一般社団法人
SHORINNJI KEMPO UNITY 顧問
新井庸弘

DVDでよくわかる!
少林寺拳法
柔法のコツ

2016年10月31日　第1版第1刷発行
2018年 1月31日　第1版第3刷発行

監修	一般社団法人　SHORINJI KEMPO UNITY
編集	一般財団法人　少林寺拳法連盟
発行人	池田哲雄
発行所	株式会社ベースボール・マガジン社
	〒103-8482 東京都中央区日本橋浜町2-61-9
	TIE浜町ビル
	TEL 03-5643-3930（販売部）
	TEL 03-5643-3885（出版部）
	振替　00180-6-46620
	http://www.bbm-japan.com/
印刷・製本	共同印刷株式会社
DVD撮影・編集	有限会社オッズ・オン
DVDプレス	エムズカンパニー

※本書の文書、写真、図版の無断転載を禁じます。
※本書を無断で複製する行為（コピー、スキャン、デジタルデータ化など）は、私的使用のための複製など著作権法上の限られた例外を除き、禁じられています。業務上使用する目的で上記行為を行うことは、使用範囲が内部に限られる場合であっても私的使用には該当せず、違法です。また、私的使用に該当する場合であっても、代行業者等の第三者に依頼して上記行為を行うことは違法となります。
※落丁・乱丁が万一ございましたら、お取り替えいたします。
※価格はカバーに表示してあります。

©Shorinji Kempo Unity 2016
Printed in Japan
ISBN978-4-583-11053-0 C2075